金正恩の北朝鮮

隣国を客観的に「読む」

峯 良一 編著

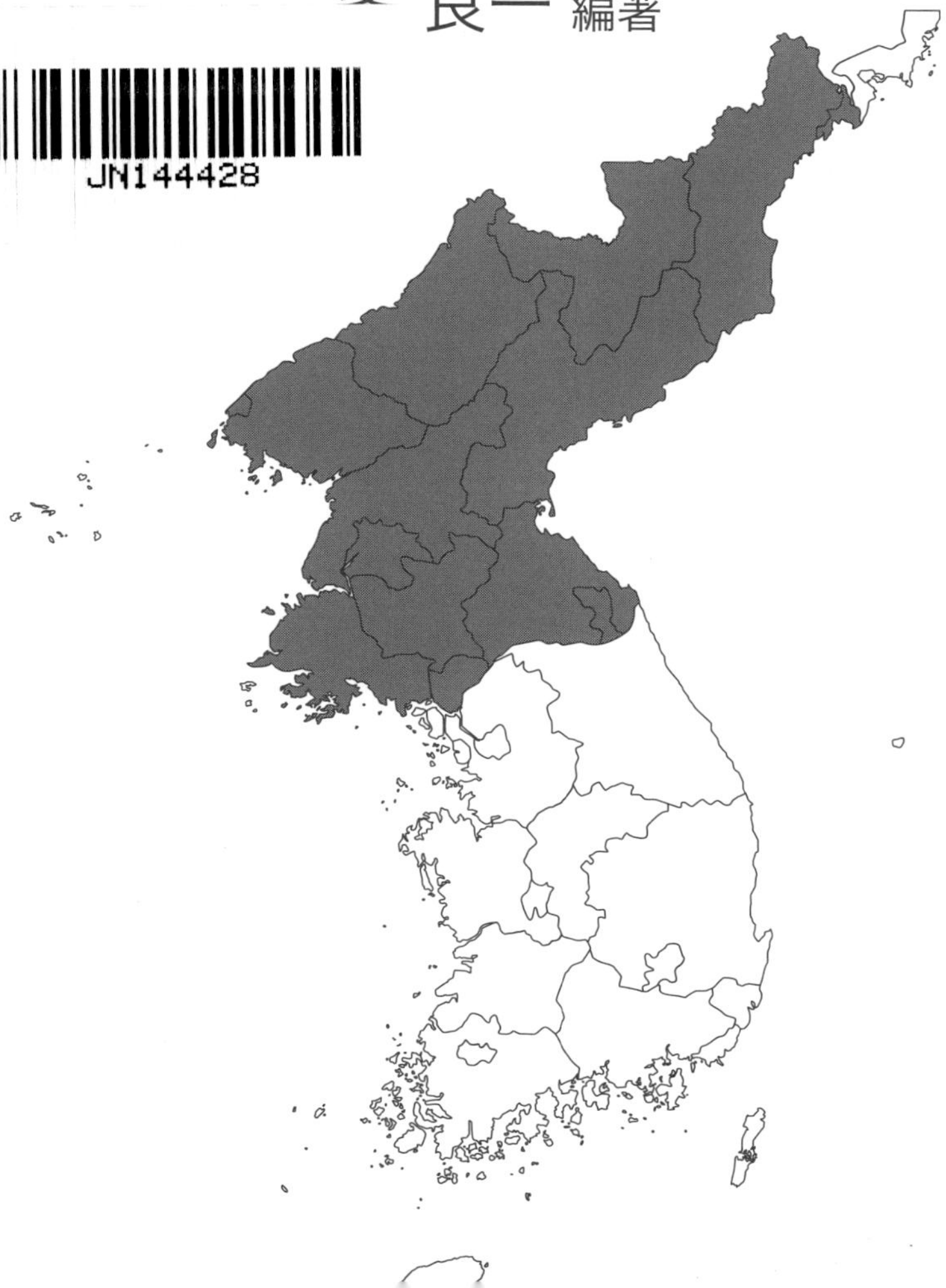

目次

第一章　いま、なぜ、北朝鮮を客観的に「読む」必要があるのか？

峯良一

1　はじめに

現在、日本と朝鮮民主主義人民共和国（以下、北朝鮮と略）、大韓民国、そして米国との間には、様々な問題が存在します。

北朝鮮は二〇一二年一二月に「人工衛星」発射実験（事実上の長距離ミサイル発射実験）を、二〇一三年一月には三回目の核実験（一回目は二〇〇五年一〇月、二回目は二〇〇九年）を行いました。その後のこれらの軍事挑発に対する韓国側の対応、また米国側の対抗措置などで、より一層北朝鮮側も対抗する言説をエスカレートさせています。既に北朝鮮は、一度閉鎖した寧辺（ニョンビョン）の核施設まで今度は再稼動させる、とまで言明しました。

その後、韓国における李明博政権から朴槿恵政権への政権交代などや、米国の姿勢転換なども続き、本書執筆時点（二〇一四年一二月）では、北朝鮮と米韓、そして日本との間では戦争直前のような軍事的緊張はさほど高まっていません。しかしながら、日本における北朝鮮報道の姿勢が根本的に変化したわけではありません。さらに、二〇〇二年九月に当時の小泉純一郎内閣総理大臣が北朝鮮を訪問し、その際に当時の最高指導者である金正日国防委員長が認めた日本人拉致問題についても、本章執筆時点でも不明確な点が多く、これがいまだに残された家族および国民感情を害する要因となっています。

戦後七〇年近く経過しているにもかかわらず、日本にとってきわめて近い隣人の国である韓国と、軍事境界線を挟んで存在している国との国交がない状態は、きわめて異様なことと言わざるをえません。もちろん北朝鮮による「人工衛星」発射や核実験も、これまで国連安保理事会等が一致して非難していることからみても、国際社会に対する重大な挑戦であり許されるべきことではありません。

とはいえ、日本の大手マスコミ、とりわけテレビ報道では、北朝鮮の政府や政権政党である朝鮮労働党の主張を、真剣に取り上げようとする意欲は見られません。一方で書店をのぞけば、いまにも北朝鮮と自衛隊、米軍や韓国軍が戦争をおこしかねないような雑誌の特集、また北朝鮮の人権・日本人拉致問題等を取り上げた書籍が目立つところに洪水のように置かれています。その中には、なんら実証的な根拠に基づかない、推定や単なる憶測情報に基づく「著作」もみかけます。

もちろん、二〇〇二年九月に行われた日本と北朝鮮の首脳会談で、北朝鮮側が謝罪し、その後の調査で北朝鮮政府が「解決済み」としている日本人拉致問題や、北朝鮮の国内における深刻な人権侵害（注1）は許されないことです。また北朝鮮側の発表に対しても、日本人拉致被害者家族等からいくつかの疑問が挙げられており、これらの諸問題は引き続き解決が図られて当然の問題です。しかしながら、ただ一方的に北朝鮮の「脅威」「疑惑」をあおりたてるだけで、その主張や言い分を取り上げて客観的に検証しようとしないのでは、冷静な解決はありえないばかりではなく、むしろ戦争への軍事的緊張を双方で煽り立てるものにしかならないでしょう。

北朝鮮は、かつては東ヨーロッパに存在した「旧社会主義国」と共通した傾向を持つ国でありましたが、一九六〇年代後半から政権政党である朝鮮労働党の内部で展開された、「唯一思想体系」の樹立の下で数々の政敵を粛清（注2）し、現在では中華人民共和国・ベトナム・キューバのような、いわゆる「社会主義を志向する」国家とは異なる国家体制であることも否定できません。建国者である金日成を「永遠の国家主席」と位置づけ、その子孫が国家及び政権政党・軍部の最高指導者を務める体制は、もはや社会主義とは無縁の体系と言わざるを得ない「特定の国家指導者」の思想を「全国家的に押し付ける一つの疑似宗教国家」ともいえる存在でしょう。北朝鮮をみるとき、こうした特性を押さえておく必要があります。

その一方で、北朝鮮の内政・外交政策をより正確に分析するには、やはりその国の政権政党である朝鮮労働党、および北朝鮮の政府が、公式にどのような声明を出し、どのような主張をしているかについて、客観的にその文書を読み込み、その本音を分析することが欠かせません。その分析なくして、北朝鮮を客観的に読み込むことなどできません。

そこで本書では、以下の各章で北朝鮮の外交政策がいったい何に基づいて行われているのか、それを主に北朝鮮の発表している公式文書などをとりあげ、北朝鮮の政府・党指導部がどのような方向をめざしているのかを、北朝鮮自身の主張から分析し、日本の対北朝鮮・対朝鮮半島政策がどうあるべきか、について考えてみたいと思います。

2　なぜ、「瀬戸際外交」をとるのか？

北朝鮮は、アメリカや周辺諸国からの経済援助を取り付けるとき、しばしば自分達の軍事的な能力を誇示して、それを取引材料にする、ということを行っています。これらは、相手に対して戦争をも辞さないとする外交交渉で、ぎりぎりまで交渉で得られる獲得目標を設定し、相手側が折れてくればそれを受け入れる――一般には、こうした外交交渉のやり方を「瀬戸際外交」と呼びます。

そして実際に北朝鮮は、当時の米国・クリントン政権との間で一九九三年に締結された「米朝枠組み合意」（注3）で、それまで保持していた核兵器に必要な、プルトニウム産出可能な黒鉛原子炉を放棄する代わりに、米国をはじめ関係諸国が提供する軽水炉の導入と、年間百万トンもの重油の提供を受けるとの合意を取り付けました。そして、これらを円滑に進めるために、「朝鮮半島エネルギー開発機構（ＫＥＤＯ）」が設立され、核兵器への転用が不可能な軽水炉の導入と、年間重油百万トンの提供がスタートしました（ＫＥＤＯは後に解散）。

その後、当時の金泳三韓国大統領と予定されていた金日成国家主席のトップ会談では、北朝鮮の経済開放へ向けた姿勢転換が表明されるはずでしたが、金日成主席の突然の死去により会談は伸ばされてしまいました。その後北朝鮮は、大水害などによって、一時期は穀物生産をはじめとする食糧生産が壊滅的な打撃を受け、国内の総生産が八十年代後半の半分程度にまで落ち込みました。ある研究によると、穀物生産は最悪の時期に二百五十万トン（必要量は五百数十万トン～六百万トン以上）にまで落ち込んだともいわれています（注4）。

北朝鮮はこの窮状を打開するべく、一九九〇年代後半から国連の諸機関を通じて莫大な食糧援助を要請しました。その後も、米国とは数回にわたる両国政府の首脳会談を通じて、核開発を凍結する代わりに、米国から見返りの援助を取り付ける、ということを繰り返してきました。

その後、長男の金正日総書記が国家元首に相当する「国防委員長」に「推戴」されると、二〇〇〇年には金大中韓国大統領と金正日総書記との南北首脳会談が行われました。しかしながら、ブッシュ政権が同年に発足し、北朝鮮に敵対する言動を繰り返すと、北朝鮮は態度を硬化させ米朝合意の「再検討」と破棄を打ち出しました。その後、米国のブッシュ政権は北朝鮮をイラン、イラクと並んで「悪の枢軸」とまで呼びました。こうした敵対的なブッシュ政権の言動に北朝鮮は態度を硬化させ、ブッシュ政権との対決姿勢を鮮明にしました。

その後、ブッシュ政権の末期においては、イラク戦争の行き詰まりや国内における支持率の低下等で、ブッシュ政権自体がもはや強硬な外交政策を採りえなくなり、「体制保証」を明記した書簡を送り、米朝間の緊張は緩和されました。その後、オバマ政権に替わってからは、対話路線に一定軌道修正を余儀なくされました。しかしながら、その後金正日総書記の急死以後の米国政府の動向は、両国間の外交関係の改善に必ずしも向かってはいません。

３　北朝鮮の経済状況は？

現在の金正恩政権の下では、金正日政権から進められてきた市場経済の取り入れと、一定の経済開放政策を取り入れた成果で、年間一千ドルの国内総生産を超えるようになり（もっとも北朝鮮の一人当たりのＧＤＰは、二〇一三年時点で八百五十四ドルとの統計＝韓国の民間シンクタンク・現代研究院の報告もあります）、また市場経済の導入を上手く使って、最悪の時期を乗り越えることに成功しました。こうしたあらたな富裕層の台頭は、新たな経済投資を、ロシア、中国等諸外国から呼び込むことにもつながっています。こうした外資の導入と、ＩＴ産業の育成等が北朝鮮の新たな経済建設につながっているとの指摘もあります（注５）。また、北朝鮮で最も難易度が高いとされている「金日成総合大学」に、金融問題を専攻する学科が開設されたことも注目されます。

しかしながら、経済の回復が進んできたといっても、既に経済的先進国の仲間に入りつつある韓国とは経済格差が膨大にあります。各種の統計では、韓国の一人当たりのＧＤＰが二万七千ドルであるのに対し、北朝鮮は大目の推定値を採用しても、その格差は二十倍ないしはそれ以上となっています。

また、敵国とも言うべき韓国などから年間数十万トンもの食糧支援を受け入れなければ成り立たない状況では、韓国や周辺国への軍事侵攻はありえないというべきです。

4 いまの南北朝鮮、日朝間の情勢をどう見るか？

残念ながら、北朝鮮の軍事的挑発行為とあいまって、米韓合同軍事演習が行われ、また北朝鮮の言動に対して、韓国政府もまた挑発的な言動を繰り返しています。さらに北朝鮮は、これまで南北関係の経済的関係の象徴ともいうべき「開城工業団地」を閉鎖してしまいました（現在は再開）（注6）。これでは、対話の回路を自ら閉ざしてしまうことにもなりかねません。

一方で、北朝鮮側の挑発的な言動に対して、日本政府はこれらをむしろ国民感情を悪化させることに利用し、平和的・外交的な解決に向けた努力をほとんどしていません。逆に、迎撃ミサイルのＰＡＣ３の配備等で、日本国民のなかにいたずらな恐怖心をあおり、軍事的な対抗措置による「解決」を図ろうとしているだけに過ぎません。

5 平和的な日朝関係と北東アジアをきずくためには？

では、このような複雑な北東アジアの状況の中で、日本が行うべきことは何でしょうか。

まず、日本政府が自らの過去の植民地支配の下で行った戦争犯罪について、北朝鮮についても謝罪し、その補償についてきちんと行うことです。また、軍事的緊張が高まることに対して、弾道ミサイルの配備などを使って軍事的に対抗しようとするのではなく、北朝鮮に対して外交交渉を尽くして平和的な解決に立ち返るよう働きかけることです。

そのためにも、二〇〇二年九月に発表された「日朝平壌宣言」（巻末資料1参照）に立ち返り、日朝国交正常化交渉を再開し、拉致問題を含めた日朝間の懸案事項について、再度交渉を働きかけることが求められています。すでにこのことは、二〇一四年のストックホルムで日朝両国が合意した文書に明記されています。

また、これまでも多くの平和運動団体の中で問題提起されているように、東南アジア諸国で既に形成されているTAC（東南アジア友好協力条約）などのような「平和の枠組み」を、北東アジアでも構築していく努力が必要でしょう。さらには、韓国の朴政権や、日本共産党が提唱している「北東アジア平和協力構想」（注7）のような、東アジアにおける平和の共同体づくりを具体的に進める必要があります。

そのためにも、二〇〇五年に合意された「六者協議共同宣言」の精神に立ち戻るように、辛抱強く北朝鮮をはじめとした関係諸国に働きかけることが求められているのではないでしょうか。以下の章で、北朝鮮の公式文書を読み込むことを中心に、この国の内政・外交を客観的に検証していくことにします。

（注釈）

（注1）たとえばアムネスティーインターナショナル年次報告など。

（注2）たとえば徐大粛著・林茂訳『金日成』（講談社学術文庫、二〇一三年）など。

（注3）米朝枠組み合意については、本書南雲論文（第三章）参照。

（注4）小牧輝夫・環日本海経済研究所編『経済から見た北朝鮮』（明石書店）二九頁。

（注5）たとえば平岩俊司『北朝鮮は何を考えているのか』ＮＨＫ出版など。

（注6）開城（ケソン）工業団地：韓国の現代峨山と北朝鮮が二〇〇〇年八月に合意した工業団地。詳細は以下のアドレス参照（二〇一四年一一月二七日閲覧）。
https://www.jetro.go.jp/world/asia/kp/data/kp_industrial_park20140924.pdf

（注7）北東アジア平和協力構想については、以下のアドレスを参照（二〇一四年一一月二七日閲覧）。
http://www.mofa.go.kr/ENG/North_Asia/res/jpn.pdf
http://www.jcp.or.jp/akahata/aik14/2014-10-28/2014102806_01_0.html

第二章　二〇一〇年北朝鮮新年三紙共同社説から読む北朝鮮経済の課題

峯　良一

1　はじめに

本章は、二〇一〇年北朝鮮新年三紙（『労働新聞』『朝鮮人民軍』『青年前衛』）共同社説「党創立65周年を迎える今年、今一度軽工業と農業に拍車をかけ、人民の生活に画期的な転換をもたらそう！」の分析を通じて、現在の北朝鮮経済が抱えている課題と日朝国交正常化の必要性について論じる試論です。

北朝鮮は、しばしばその年頭の政府・党・軍組織の総合的な方針として、共同社説という形（現在は、金正恩第一書記の「新年の辞」）で発表してきました。したがって、三紙共同社説を分析することは、北朝鮮の党および政府の方向性を知るうえで、きわめて重要な作業といえます。ここでは、二〇一〇年の社説を分析することで、北朝鮮のその年における力点を知ることができます。

2　三紙共同社説に見る北朝鮮経済の課題

まず、共同社説が二〇〇九年をどう総括しているのか、それに言及してみましょう。

成果として、「『一〇〇日間戦闘』を繰り広げることを発起し、その勝利のための革命的な措置を講じた金正日同志の非凡な指導力は、この地にかつてない大革新、大飛躍の嵐を巻き起こす原動力となった」との記述から、降仙（平壌市）での金正日による現地指導が、二〇〇九年のいわゆる「一五〇日間戦闘」「一〇〇日間戦闘」などの経済建設の出発点になったとの総括がされています（ちなみに降仙は、一九五六年に金日成首相（＝当時）が製鉄所の直接指導に入り、北朝鮮の戦後の経済発展運動——千里馬運動の出発点になった地です。現在は千里馬製鉄連合企業所が存在しますが、戦前は日本の三菱製鋼の工場でした）。

しかし一方で、これらの経済建設の速度戦が、「帝国主義の反共和国制裁圧殺策動が極度に達した峻厳な情勢の中で」起きた成果と言及されていることからも、北朝鮮が米国や日本などの国際的な経済制裁措置などの状況の中で、懸命な経済建設に向けた働きかけを強めていたことが伺えます。

その次に、二回目の「人工衛星」発射実験と二回目の核実験に言及してこう述べています。

「われわれが自らの力と技術によって人工衛星『光明星二号』を成功裏に打ち上げ、第二次地下核実験を成功させたことは、強盛大国建設において痛快な勝利の砲声を轟かせた歴史的な出来事であった」。そして、「城津製鋼連合企業所でチュチェ鉄生産システム完成の万歳の声が上がり、わが国のCNC技術が世界の先端を確実に突破したことは、偉大なチュチェ思想の大勝利であり、われわれの底知れない経済的・技術的潜在力を示威した全国家的、全人民的な慶事である。」と述べられていることからも、北朝鮮において、新たな鉄鋼生産システムの技術が獲得されたこと、また生産システムが「チュチェ製鉄」――おそらくは、自前の技術によって鉄鋼生産の技法が獲得されたものであることが述べられています（ちなみにCNC技術とは、工作機械などの動作を制御する機構を、予めプログラムかされた数値指令によって、デジタル制御する方式によって制御する技術のことです）。

その上で、「党の指導のもと人民あげての決死の戦いが強力に展開される中、国の経済が本格的な上昇段階に入った」と述べられ、経済状況が好転に向かいつつあることが強調されています（城津製鋼連合企業所は、かつて日本高周波重工業城津工場が存在した場所であり、特殊鋼、合金鉄生産能力は一九八九年の時点で四〇万トンといわれています）（注1）。

さらに、「人民経済の先行部門、基礎工業部門において生産が一段と高まり、工業部門全般が活性化した。新しい千里馬速度、〈熙川速度〉の住宅のような先軍時代の記念碑的建造物が随所につくられた」と述べられています。なお、元山は港湾都市としても知られていますが、戦前の日本企業が集中的に進出していた都市でもあります（注2）。

そして「南興プロジェクトが完成し、重要な工場、企業の近代化が強力に推進された。昨年、農業生産と農村建設において目覚しい成果がもたらされ、数多くの協同農場が強盛大国の理想郷となり、紡織工業や食品加工業など軽工業部門の生産土台と潜在力が著しく強まった」との記述からは、一九九五年以降、頻繁に発生した自然災害による農業への打撃が一定程度改善され、農業生産力が改善を示しつつあるとの認識が伺えます。また、これとあわせて、軽工業部門の生産力が改善されたともいえるでしょう。

これらの総括から打ち出されたのが、以下のような方向性だと思われれます。

「二〇一〇年は、革命的大高揚の誇るべき勝利と成果にもとづき、人民生活の向上に全党的、全国家的な力を集中すべき総攻勢の年である……。偉大な指導者金正日同志は次のように述べている。『われわれが経済強国を建設しようとするのは、結局、人民の生活を一段と向上させるためです。人民の生活を一段と高めてこそ、全国に社会主義万歳の声、強盛・繁栄アリランの歌声がより高く響き渡り、強盛大国の大門が開かれることになります』」と。

ここでは、北朝鮮がめざしている「強盛大国」建設に当たり、引き続き国民生活の改善が依然として課題であり、その向上こそが必要な問題であるとの北朝鮮政府指導部の認識が示されています。さらにその上で、「朝鮮労働党はわれわれの時代の最も円熟し洗練された革命の参謀部であり、わが人民に価格ある人生と限りない幸福を抱かせる偉大な母なる党である。党創立65周年は、わが党の建設とチュチェの革命偉業、人類の自主偉業のために尽くした偉大な領袖金日成同志の不滅の業績を輝かせ、革命の首脳部のまわりに一心団結して社会主義強盛大国を建設しているわが軍隊と人民の高い民族的気概と必勝の気象を誇示する意義深い契機となる」とし、党の指導性を強調しています。

そして二〇一〇年の力点としては、こうのべています。

「人民生活を高めることは、経済的な実務事業ではなく、父なる首領様の遺言を貫徹し、人民の千万種の理想を花咲かせるわが党の偉業の正当性を誇示する重要な政治的事業である。われわれは人民の生活向上を図るための全党的、全国家的な総攻勢をかけることによって、大高揚の勝利がより大きな勝利につながるようにし、意義深い今年を人民の幸福が満ち溢れる繁栄の年としなければならない。」

以上のように、人民生活の向上は、「単なる実務事業」ではなく、故・金日成主席の「遺言」であり、「朝鮮労働党の偉業の正統性を示す重要な政治的事業」ともされています。おそらくこれが、北朝鮮が二〇一〇年に最も重点とする経済戦略であると思われます。二〇〇九年末に実施されたデノミも、二〇〇二年七月一日から実施された「経済管理改革」によって引き起こされたインフレーションへの一般国民の不満対策という側面があったにせよ、結果としてそれが十分でなかったことが伺える印象です。

そこで、二〇一〇年の共同社説のスローガンです。

「われわれは、『党創立65周年を迎える今年、今一度軽工業と農業に拍車をかけ、人民の生活に画期的な転換をもたらそう！』というスローガンを高く掲げていかなければならない。軽工業と農業は人民の生活向上を図るうえで主力を注ぐべき部門である。」

以上のような経済政策の総括と到達点を踏まえた上で、二〇一〇年の共同社説のスローガンが軽工業と農業の強化につながったのと思われます。

「わが党が厳しい試練の中で今日を見通し、一つ一つ築いてきた軽工業と農業の土台は確固たるものである。われわれが党の軽工業革命方針、農業革命方針を引き続きしっかりと堅持し、すでに整えられた生産潜在力を余すところなく発揮していくとき、人民生活では一大革命が起こるようになるだろう。」

農業については、過去もその重要性が新年共同社説の中で強調されてきていますが、もう一つ注目するべきは以下の指摘です。

「一般消費財の生産を大幅に高めなければならない。軽工業部門では工場、企業の近代化を引き続き高い水準で実現し、一般消費財の質を高めるために奮闘努力すべきである。地方産業工場をフル稼働させ、可能なすべての職場で人民のあいだで好評を博している各種の生活必需品をより多く生産するための旋風を巻き起こすべきである。」

ここでは、消費財の単なる量産のみならず、その質的向上にも目が向けられ、とりわけ生活必需品の量産がより強調された形になっています。

さらに農業部門では、より具体的な方針と方向性が細かく述べられています。

「農業部門では党の種子革命方針、二毛作方針、ジャガイモ栽培革命方針、大豆栽培方針など党の農業革命の方針をりっぱに具現し、農業生産を一段と高めなければならない。チュチェ農法の要求を固く守り、有機農業をはじめ新しい営農法と営農技術を積極的に導入すべきである。主体的な育種システムが確立し、実利主義の原則が具現された近代的な畜産、養魚、果物の生産基地が実際に大きな効力を発揮するようにしなければならない。」

ここでは、農業生産力の向上のために、九〇年代後半から強調されてきた「ジャガイモ栽培革命」などがあらためて強調されています。さらに、主体的な育種システムのほかに、「実利主義の原則」があらためて指摘されるなど、より市場経済の法則に見合った農業を育成することが指摘されているといってよいでしょう。

一方、国家的な投資部門についてはこう述べています。

「人民生活の関連部門への国家的投資を大幅に増やし、すべての部門、すべての職場が軽工業製品の生産に必要な原料と資材を適時に、十分に供給すべきである。対外市場を拡大し、対外貿易活動を積極的に繰り広げて、経済建設と人民の生活向上に寄与すべきである。」

すなわちここでは、対外市場の拡大と貿易の拡大も、「人民の生活向上」に寄与させるべきものとして位置づけられています。その一方で、生活向上に欠かせない前提として、「四大先行部門は人民経済の機関車であり、人民生活の問題を解決するための鍵である。生産システムを完成した城津製鋼連合企業所の労働者を先軍時代の革命的大高揚の先頭に立たせた。四大先行部門では、軽工業と農業の発展は重工業の発展にかかっているという確たる観点に立ち、生産的高揚を起こして人民の生活向上をめざす今日の総攻勢を強力に後押ししなければならない。」とされています。

当然のことですが、「鋼材が生産されてこそ米も機械も生産される。金属工業部門では、わが国の原料と燃料にもとづくチュチェ鉄の生産能力を高め、党が示した銑鉄と鋼鉄、圧延鋼材の生産目標を必ず達成しなければならない。電力工業部門では、火力発電所をフル稼働させることに力ある。石炭工業部門では、火力発電所や化学工場など重要な対象に必要な石炭を無条件生産、供給し、近代化を推し進めて生産能力を絶えず高めるべきである。鉄道運輸部門では、軍隊のような強い規律と秩序を打ち立て、新しい機関車と貨車をより多く生産し、鉄道の近代化、レールの重量化を実現すべきである。」との指摘も忘れてはいません。すなわち、人民生活を向上させるためにも「金属工業」「電力興業」「鉄道運輸部門」の発展ないしは能力向上が必要である、との視点です。

このほか。

「機械工業部門では、情報産業時代の要求に即してCNC化を引き続き高い水準で実現し、工具革命を起こして高性能の先端機械設備をより多く生産すべきである。

党と国家の人民的施策を具現し、全人民を社会主義の恩恵の真の享受者にしなければならない。人民の福利を優先視、絶対視し、あらゆる恩恵を人民に施すところにわが国の社会主義の本来の姿がある。金日成同志によってもたらされ、わが党と国家が歴史的に実施してきた無料治療制、無料義務教育制などの人民的施策が、人民の生活により広く行き渡るようにすべきである。万寿台通りの住宅をモデルにして平壌市の一〇万世帯の住宅建設を強力に推し進め、都市と農村に社会主義の理想街、理想村をより多く建設すべきである。商品流通において社会主義の原則を固く守り、人民へのサービスの質を一段と高めるべきである。」

全人民を「社会主義の恩恵の真の享受者」とし、医療、教育の分野でその思索の恩恵が広範な人民にいきわたることが強調されています。さらには、新たに首都平壌に建設された一〇万世帯の住宅についても言及されています。これらのことは、近年のピョンヤンにおける建設ラッシュで、裏付けがなされたことがわかります（しかしながら、二〇一四年にはこの時期に建設されたと思われるマンションが倒壊し、その指導者が謝罪する場面が日本でも紹介されましたが）。

また一方、従来この種の社説ではあまり言及されてこなかった「商品流通におけるサービスの質の向上」が、今回改めて強調されているのは注目されます。

一方で、国防分野においても言及がされています。

「先端突破戦の基本戦線である国防工業部門では、強盛大国の大門をたたく勝利の砲声が引き続き轟くようにし、人民経済のすべての部門、すべての職場で先端突破の熱風が巻き起こるようにすべきである。科学技術と生産を密着させ、自らの技術開発能力、製品開発能力を高めることに重点を置き、近代化、科学化を先を見通して推進すべきである。二一世紀の要求に即して科学技術発展戦略を確立し、中核基礎技術と重要部門の技術工学、基礎科学をすみやかに発展させるべきである。科学者、技術者は頭脳戦、技術戦によってわが祖国を世界に輝かせるという覚悟を固め、先端突破の尖兵、科学技術強国建設の旗手としての役割を果たすべきである。至る所で先端を突破し、新しい基準、新しい記録をつくり出すための集団的技術革新運動を活発に繰り広げるべきである。」

国防工業に続いて、おそらくは、ＩＴ分野における北朝鮮の遅れについても率直に認めたうえで、その分野における遅れの取り戻しを早急に図ることを指摘したのだといえます。

その中で、経済活動を進める管理職への言及も見逃せません。

「今日の躍動する現実は、経済組織活動において革命的な改善をもたらすことを求めている。経済発展の将来を見通す革新的な見識と大胆な作戦、緻密で完璧な組織事業と能動的な戦闘指導、これが大高潮時代の経済幹部が持たなければならない作業姿勢である。経済幹部は斬新で現実性のある企業戦略、経営戦略を立て、今日の大高揚進軍を主動的に推し進めるべきである。計画規律、財政規律、労働行政規律を確立し、高度に組織化された社会主義的計画経済の優越性が明確に現れるようにすべきである。幹部は経済管理知識を幅広く深く所有すべきであり、様々な経済的空間を正しく活用できるようにすべきである。」

経済実務に取り組む官僚ないしは現場の担当者への心構えが、こうした論文で強調されるのは注目すべきでしょう。

さらに。

「文学・芸術部門では、二一世紀の革新的見識と一九七〇年代の創造方式、闘争気風でわが党の偉大性と新たな大高潮時代のわが人民の闘争と生活を哲学的に深く反映した名作を多く創作し、千万軍民の精神力を最大限に発揚させなければならない。記者、言論人は嵐の走る総進軍隊伍を督励する先軍時代の大高潮の第一ラッパ手とならなければならない。」

ここでは、北朝鮮経済が全般的に上向きであった一九七〇年代の文学・芸術分野での創造性や気風をサイド強調するだけでなく、ジャーナリストや言論人、作家の奮起が強調されています。やはり、イデオロギー分野での奮起が必要だということでしょうか。

例年、紙面が一定程度割かれている人民軍に関してはどうでしょうか。

「今年、党の示した戦闘目標を達成するためには、人民軍を中核とするわれわれの革命隊伍の威力を全面的に強化しなければならない。（中略）人民軍は、『偉大な金正日同志を首班とする革命の首脳部を生命を賭して守ろう！』というスローガンを高く掲げ、呉仲治第七連帯称号獲得運動の炎を一層強く燃え上がらせ、すべての将兵を先軍革命の前衛闘士に育て上げなければならない。革命的な軍指揮系統と軍紀の確立を党の政治活動の基本としてとらえ、それを絶えず深化させて全軍に最高司令官同志の命令、指示を無条件実行する軍人気質がみなぎるようにすべきである。」

さらに見過ごせないのは以下の記述です。

「人民軍の将兵は革命的軍人精神を発揮し、熙川発電所の建設現場をはじめ大建設の現場で歴史に輝く偉勲を相次いで立てていくべきである。『人民を助けよう！』というスローガンを高く掲げ、先軍朝鮮の大本である軍民一致を鉄桶のごとく打ち固め、思想・精神と道徳、スポーツと芸術などあらゆる面で社会の手本となるべきである。」

これまでも、経済発展とその具体的な生産能力の上昇のために、人民軍兵士が従来から農地整理及び工場建設に動員されていましたが、社説でここまで具体的に言及されなかったことを考えると、この変化はもはや事実の追認といった枠を超えるほど、当然の事態になりつつある、ということなのでしょうか。

一方、青年分野や朝鮮労働党幹部に対してはどうでしょうか。

「革命的大高揚の突撃隊である青年は、党の呼びかけであれば山をも移す燃えるような情熱を抱き、白頭山先軍青年発電所の建設現場をはじめもっとも困難な部門で進撃の突破口を開き、先軍時代の記念碑的建造物をより多く作り上げるべきである。不滅の偉勲をもって大高揚の時代を輝かす青年英雄、先端を突破し、国の尊厳を轟かす有望な青年人材となるべきである」

「党組織と党活動家は、全党員と労働者を党の周りに固く結集させ、大衆の精神力を最大に噴出させる送風機となるべきである。三大革命赤旗獲得運動を一層深化させ、すべての戦闘場に思想・技術・文化の三幅の赤旗が力強くはためくようにしなければならない。沸き立つ現実の中で火線式政治事業を覇気あるように繰り広げて全社会に非常に高い革命的雰囲気が満ちあふれるようにし、誰もが母なる党に捧げる誇らしい労力的成果を抱いて、一〇月の大祝典場に入るようにするべきである。」

その一方で、大衆に対する党員の接し方、また党幹部のあり方はどうなっているのでしょう。

「党の革命的大衆路線の要求どおり、大衆の利益をあくまで擁護し実現し、大衆の力に依拠してあらゆる問題を解決していくべきである。幹部は民心を把握し、民心に応じて活動を展開する人民の真の奉仕者、高尚な品性とおおらかな人情味をもち、大衆に尊敬され愛される信望の厚い指揮官となるべきである。

すべての党員は、栄えある朝鮮労働党の党員であるという高い政治的自覚を持ち、どこにあっても率先して大高揚の太鼓を打ち鳴らし、つねに隊伍の先頭で旗を掲げて進む有能な政治活動家、勇猛な突撃闘士となるべきである。」

いわゆる旧ソ連や東ヨーロッパにみられた「社会主義国」にしばしば見られた党官僚（いわゆ

る「赤い貴族」＝ノーメン・クラツーラ）による特権的な権益の享受が、やはりなかなかやまず、これらの幹部が大衆に対してともすれば横柄に振舞い、民心が離れるということが絶えなかった、ということなのでしょうか。北朝鮮でも党幹部に対する心構えを、あえて強調しなければならない現状があるというふうに思わざるを得ないのですが……。

以上、経済問題を中心に北朝鮮の方向性を見てきましたが、南北関係、そして対外関係はどのように位置づけられているのでしょうか。

「今年は歴史的な六・一五北南共同宣言発表一〇周年に当たる年である。

二〇〇〇年の北南首脳の対面と六・一五共同宣言の発表は、祖国統一偉業の遂行において大きな意義をもつ歴史的な出来事であった。六・一五共同宣言の旗のもと、自主統一の新時代が開かれ、北南関係の発展と祖国統一運動においていまだかつてなかった成果がもたらされた。六・一五共同宣言の実践綱領である一〇・四宣言が採択され、わが民族が自主統一と平和・繁栄の道を進んできたこの一〇年間は、北南共同宣言がもっとも正当な統一大綱であり、「わが民族同士」こそは六・一五統一時代の民族精神であり、唯一無二の理念であることを実証した。」

そして、対米関係は。

「今日、朝鮮半島と地域の平和と安定を保障するうえでの根本問題は、朝米間の敵対関係を終息させることである。対話と協商によって朝鮮半島の恒久平和体制を築き、非核化を実現しようとするのはわれわれの一貫した立場である。わが党と共和国政府は自主、平和、親善の旗を高く掲げ、諸国間の善隣友好関係を発展させ、世界の自主化をめざして力強くたたかうであろう。」

米国に対しては、相変わらず直接対話を求め、朝鮮戦争における休戦協定を平和協定に変えていきたいとの希望が率直に述べられているといってよいでしょう。

3　まとめ

北朝鮮の二〇一〇年度の社説の特徴としては、経済分野、とりわけ、農業と軽工業への重視が挙げられます。農業分野では、過去にも強調されたジャガイモ栽培革命だけでなく、実利主義という言葉で市場経済に適合した農作物の生産を奨励しているといってよいでしょう。

もう一つは、鉄鋼の生産で一定程度の技術革新があり、それがまた今後の各種産業へ波及するとの期待が示されていることです。さらに、これらの生産現場に人民軍兵士を動員することを社説で明記したことも特筆すべきです。

対外関係では、米朝関係の改善、とりわけ朝鮮戦争の休戦協定を、何とかして米国との平和協定に持ち込みたい、との希望が相変わらず述べられていることです。

残念なことに、二〇一〇年の共同社説でも対日関係への言及は見られません。しかしながら、このことは北朝鮮の政府・党指導部が、対日関係の改善が必要でないと考えているということではおそらくないでしょう。過去、日本帝国主義が植民地支配を行った際、北朝鮮への「開発政策」でもっとも中心に取り組まれたのは鉱業で、共同社説で実名を上げて強調されている企業所、鉱山にしてもかつて、大日本帝国が北朝鮮でその発展と採掘に力を入れてきたものばかりです（注

3）。

こうした点を北朝鮮政府当局者が留意しているのか否かは不明ですが、北朝鮮の国内経済問題に言及した記事を読むと近年、いわゆる鉱業や天然資源開発に関する記事が目立ちます。そして実際、欧州の企業の中にはこれらの鉱山・油田などについて、投資を進める企業が相次いで進出し、有望な市場とみなされているのです（注4）。

日朝国交正常化は、もちろん植民地支配とそれに伴う様々な人的被害への補償のためにも不可欠です。と同時に、日本にとって北朝鮮が本当に「脅威」であるというなら、今後のわが国の「経済安全保障」を考えた際、鉱山資源を中心とした北朝鮮の経済開発にかつての「宗主国」として、第一義的にその責任を果たすべきと考えるのは、果たして意味のないことでしょうか。

（注釈）

（注1）木村光彦・安部桂司『北朝鮮の軍事工業化——帝国の戦争から金日成の戦争へ』（知泉書館、二〇〇三年）

（注2）日本鋼管溶鉱炉、住友工業精錬所、朝鮮総督府元山工場、朝鮮造船工業元山造船所、朝鮮石油元山製油所、小野田セメント川内工場、朝鮮活性白土工場（小林鉱業、朝鮮石油の合弁企業で、慶尚北道から産出する白土から石油・油脂精製用の触媒を精製）木村、安部前掲書。

（注3）同前掲書。

（注4）「北朝鮮は長期的に大きな利益出す市場」『連合ニュース』二〇〇八年一月一六日付。このほか、『朝鮮新報』（日本語版）インターネット版を随時参照。

（追記）マイク・チノイ『北朝鮮——核危機の内幕』（邦訳、峯良一監修、本の泉社より刊行）によれば、北朝鮮が経済改革の参考にしているのは、中国よりベトナムであるということです。

「金正日は明らかに、中国の上海や深圳などへの訪問や、経済改革を好意的に評価したことから分かるように、しばらくの間は北朝鮮における経済改革のアイデアをもてあそんでいた。２００７年の後半に入ると、関心の的は経済改革の実験に取り組むベトナムへと移った。２００７年10月には、過去50年でベトナム政府高官による初の訪朝であり、多数の国民を動員して盛大な歓迎が行われた、ベトナム共産党のノン・ドク・マン総書記の平壌訪問の返礼として、北朝鮮で経済政策を担当する金英逸首相がベトナムを訪問した。この外交儀礼の最中、中国経由で韓国へ逃れた脱北者の国内通過を黙認したベトナムの役割はひとまず不問に付された。中朝両国間の緊張が高まっていたこともあり、どうやら金正日はベトナムの実験を北朝鮮における改革モデルとして採用できないかと思いを巡らせていたようだ。

朝鮮とベトナムには共通点が多く、両国は共に冷戦で国内が分断され、米国との血なまぐさい戦争を経験し、共産主義小国として長年にわたり米国による制裁や圧力に必死に抗してきた。しかし、ベトナムは孤立状態から脱して米国との外交を樹立し、外国からの投資を奨励しながら戦争で疲弊困窮した経済を急成長させようと、市場経済を指向する改革プログラムの実行に乗り出してきた。北朝鮮の首相によるベトナムの港湾や工業地区の訪問の結果、北朝鮮はベトナムの経験には学ぶべきものが多いと思うようになった。

平壌駐在の西側外交官は次のように観察。「北朝鮮はベトナムの動向を注視している。いかに政治的変革なしに経済的変革を導入するかということが最重要視されている。」(Mike Chinoy, 〝Meltdown-The Inside Story of the North Korea Nuclear Crisis〟.p343.,St. Martin's Griffin, 2009.)

このチノイの指摘を裏付けるかのように、韓国国家安全保障戦略研究所先任研究員チョン・クアンミンはこう述べています。

「まず、ベトナムの事例からこの問題について示唆できる点を探ってみることにしよう。ベトナムは１９８５年８月10日に「政治局28号決議」に従って、価格や賃金の改革を断行し、さらに９月14日に旧貨幣と新貨幣の交換比率が10：１という貨幣改革を断行した。……（中略）……貨幣改革以後の超インフレの数値を見れば、以前は月3～4％だった自由市場での物価上昇は1985年10月以後10％以上になり、年率480～700％に達した。

その後、価格—賃金—貨幣改革の失敗の原因をめぐり、保守派と改革派の間に熾烈な路線闘争が展開される。（略）保守派と改革派の論争は、時が経つほど改革派が主導権を握るようになるが、後にツオン・チンは貨幣改革の失敗の教訓として、ベトナムのように遅れた社会主義国家の初期の段階に必要な指導的思想は、次の事項が必ず考慮されなければならないことを指示する。

▲商品生産の発展を経なければならないということ、▲人口が多くて働き口がなく、資金が不足して国家がすべての人に仕事を提供する力を持たない段階では、農業や軽工業、流通、家内手工業、サービス業など非社会主義セクターの存在を承認して、これを活用しなければならないということ、▲消費物資の供給の増大に寄与するように投資分野を調整すること、▲外国の資金を導入するために、対外的な経済関係を改善すること、▲経済管理システムの問題から自由市場を活用して、市場の実勢に近い価格形成メカニズムを取り入れること

これがまさに経済的発想の刷新、すなわちドイモイである。ベトナムの教訓から北朝鮮の貨幣改革を考えた時、肯定的な面と否定的な面がある。

肯定的な面は以下の通りである。

▲外国の資金を導入するために、対外的な経済関係の改善に積極的という点、▲物資消費法などの制定を通じて、商品コストの削減と経営の効率性をはかっている姿、▲不動産管理法の制定などで、国内の開発資金の源泉である国家財政の拡充をはかっている点

また、否定的な面は以下の通りである。

▲金日成時代のスローガンの実現という名目で、過去の温情主義路線に戻るのではないかという点、▲貨幣改革以後の賃金設定で、旧賃金保障説は温情主義の表れだが、これは結局莫大な財政赤字をもたらすのではないかという点、▲国定価格を再び告示することは、市場の実勢に近い価格形成メカニズムを否定することという点、▲大っぴらに非公式市場の弱化について述べているという点、▲私的経済セク

ターの発展に対する正当な関心と政策が欠如しているという点、▲今でも国防工業重視論を口にしていて、消費財の生産の重視と係わる投資分野の調整ができたのか確認するのが困難という点11・30措置の否定的な面が圧倒的であることは、この措置が基本的にベトナムのような発想の刷新から出たものではなく、過去志向的な保守的発想の産物だからだ。

北朝鮮政府はともすれば、7・1措置以後の市場化の成果すら否定しようとする動きを見せている。ベトナムのドイモイのリーダーたちは、自由市場を否定することは「愚かな自殺行為」だと糾弾した。ベトナムはドイモイを通じて「貧乏を分かちあう社会主義」から脱した。北朝鮮も「飢えを分かちあう社会主義」、または「飢饉同盟」から脱して、「発展同盟」に向かうためには、北朝鮮の長年の友であるベトナムが歩んだ道の教訓を生かさなければならない。(以下略)」

(出典：http://dailynk.jp/archives/7805（二〇一五年一月七日閲覧))

第三章　北朝鮮の核問題と米朝協議、六者協議――その歴史と今後

南雲 和夫

1 はじめに

二〇〇九年の朝鮮民主主義人民共和国（以下、北朝鮮と略す）による二回目の「人工衛星」打ち上げ（四月）及び核実験（五月）は、わが国のみならず国際的な非難を巻き起こし、国連安全保障理事会での制裁措置の発動など、大きな反響を巻き起こした。しかしながら、これまで外交政策において単独行動主義を貫き、アフガニスタン戦争やイラク・フセイン政権を武力転覆した米国における共和党ブッシュ（ジュニア）政権は退場を余儀なくされ、「核兵器廃絶」をうたう民主党オバマ政権が発足した。また、わが国における麻生自公政権から鳩山民主・社民・国民連立政権への政権交代は、北朝鮮への制裁一本やりであった従来の自公政権とは異なり、またあらたな日朝国交正常化交渉、そして六者協議の展開を予想させる客観的な条件をも生み出していた。

本章では、主に一九九〇年代以降から二〇一〇年頃の米朝間の核問題をめぐる朝鮮半島危機の展開とその後の米朝協議と米朝合意、さらには六者協議の開始とその後の動向を踏まえ、北朝鮮の核問題の今後における動向について展望するものである。

2 朝鮮半島危機と米朝合意——米朝蜜月時代

北朝鮮におけるウラン鉱山の発見は、第二次世界大戦以前にすでに日本企業によってなされていたが、戦時中の軍事利用をめざした核開発は頓挫し、その本格的な発掘作業と活用は戦後を待たなければならなかった。

かつて旧ソ連時代に、北朝鮮はウラン鉱山の開発とソ連への輸出を行うと同時に、独自の核エネルギー開発に着手していた。また一九五九年に結ばれたソ連との原子力平和利用協定は、原子力の平和利用よりも軍事利用を志向した、との指摘もある（注1）。しかしながら、北朝鮮独自の核兵器開発とその保有までは、当時のソ連党・政府指導部は許してはいなかったとみられる。

北朝鮮による核開発が「疑惑」として国際政治の舞台で問題化されるのは、米国・クリントン政権がウラン濃縮疑惑を問題にする一九九三年に入ってからである。

その二年前の九一年一二月三一日に北朝鮮は、国際原子力機関（ＩＡＥＡ）との議定書に調印しており、現地における核関連施設への査察の受入を認めていた。しかしその後、ＩＡＥＡは北朝鮮が核開発計画の一部として挙げていなかった寧辺（ニョンビョン）の施設への立ち入りを要求した。これを北朝鮮側が主権侵害として拒否し、同年三月にはＩＡＥＡからの脱退を示唆した。その後九三年七月にアジア歴訪中のクリントン大統領は、韓国国会で「この半島ならびにこの地域に、核拡散の危険ほど暗い影を投げかけているものはありません」と述べ（注2）、さらに核兵器を使用すれば間違いなくアメリカの報復を招き、「彼らの国は終焉を迎える」のだから、北朝鮮にとって核製造は「無意味」だとまで言い切った。

当時米国は、ブッシュ（シニア）政権時代に確立した「ごろつき（ならずもの）国家論」に立脚し、国際的な核拡散防止規定を侵害する（あるいは、そうした機構から外れて）大量破壊兵器の取得を追及するような国を、「敵性国」とみなしていた（注3）。そして実際、一九九四年五月に、北朝鮮が国内の主要施設への国際原子力機関（ＩＡＥＡ）の査察を妨害すると、ホワイトハウスは経済制裁の発動に国際的な支持を呼びかけると発表した。この米朝間の危機的な状況の中で、クリントン政権は軍事的な選択肢を検討していたことが後に明らかにされた。

結局、この問題はジミー・カーター元米国大統領が平壌へ非公式な和平使節として渡り、金日成に対して米国の対話再開と引き換えに核兵器開発を凍結するよう説得したことで合意を見た。

金日成は九四年七月に死去したものの、両国間の交渉は金日成の死後同年八月のジュネーブで初会合が持たれ、北朝鮮が持つ現存の黒鉛炉を、ウラン濃縮が不可能な軽水炉への転換を米国が援助するのと引き換えに、核兵器開発計画を中止する合意がなされた。

こうして九四年一〇月、米朝合意に基づく合意書が調印された。その主要ポイントは北朝鮮が核兵器開発計画を全面的に中止することを見返りに、大規模な経済・技術援助を与えることにあった（注4）。そしてこの米朝合意を元に、朝鮮半島エネルギー開発機構（KEDO）の発足（一九九五年）と軽水炉建設、そして米国による北朝鮮への重油提供が開始された（注5）。

さらに米国は、一九九九年五月にウィリアム・ペリー元国防長官を北朝鮮へ派遣し、核施設疑惑のある金蒼里（クムチャンリ）への査察を行った。これらの作業を進めた結果、クリントン政権は政府内部に設置した「政策検討会」で、北朝鮮政策の見直しをうたった「ペリー報告」を一九九九年一〇月に発表した（注6）。同報告では、それまでの米国による対北朝鮮政策の抜本的な見直しを図ると共に、北朝鮮の崩壊を前提とするのではなく「あるがままの北朝鮮」を外交交渉の相手とすることが政策の中心に掲げられた。二〇〇〇年六月には、南北間の首脳会談と共同声明が出された。南北間の緊張関係は、これ以降劇的に改善した。

一方、「ペリー報告」などの政策提言を受けて、クリントン政権末期には、米朝の協調路線が外交分野で広く見受けられる形で政策担当者の往来が相次いだ。二〇〇〇年九月二七日～一〇月二日にかけてニューヨークで開かれた米朝高官協議では、「米朝反テロ共同声明」が出され、米朝両国が「いかなる形でのテロ行為にも反対」との声明を出した。また同年一〇月一〇日には、北朝鮮は金正日政権ナンバー2の趙明禄国防第一副委員長を派遣し、「米朝共同コミュニケ」を発表するなど、外交姿勢で米国との協調姿勢を見せた。そしてクリントン政権は同月二三日にはマデリーン・オルブライト国務長官を北朝鮮へ派遣し、北朝鮮との外交的な直接対話を模索するなどした（注7）。この頃、米国は「ならず者国家」との呼称を「懸念すべき国家」（concern states）とあらためるなど、いわゆる「ごろつきドクトリン」自体の修正を図っていた（注8）。

3　ブッシュ（ジュニア）政権による単独行動主義と六者協議

二〇〇一年一月、クリントン政権に代わってブッシュ（ジュニア）共和党政権が成立した。この翌月、ワシントンにおける大西洋評議会では、北朝鮮国連代表部の李根（リ・グン）は「われわれはブッシュ政権による北朝鮮政策が維持されることを望む」旨の発言をした。また翌年の二〇〇一年九月一一日、ニューヨークを中心とした米国同時多発テロが起こった際、北朝鮮は二四時間後、同時多発テロを強く非難する声明を発表した（注９）。

民主党クリントン政権から共和党ブッシュ政権への移行は、当然ながら前政権の取ってきた外交政策自身をそのまま踏襲することを意味しなかった。事実、ブッシュ政権は政権発足後四ヶ月の間、それまでのクリントン政権による対北朝鮮政策を再検討していたのである。しかしながら、北朝鮮は政権発足後しばらくは、ブッシュ政権の一定強硬的な外交方針への表立った批判を避けていた。

ブッシュ政権は、これらの北朝鮮側の「融和姿勢」を事実上一顧だにしなかった。新たに米国政府の政策形成に関する閣僚に参加したネオコングループ（注10）は、九・一一テロを実行したアルカイダに続く脅威として北朝鮮を考えていた。事実、ドナルド・ラムズフェルド国防長官によって同年一二月三一日に連邦議会に提出された報告書の中では、米国の利益を脅かす「ごろつき（ならず者）国家」として、イラン、イラクと並び北朝鮮が上げられていた。

ブッシュ大統領は、翌二〇〇二年一月三一日の米国連邦議会演説で北朝鮮をイラン、イラクとともに「悪の枢軸（axis of evil）」と名指しで非難した。このブッシュ演説に北朝鮮は「宣戦布告」と激しく反発し、同年三月一三日には「米国との合意を全面検討」と題する外務省スポークスマン談話を発表した。この声明では、ブッシュ政権がロシアと中国、シリア、リビア、イラン、イラクと並んで北朝鮮を核攻撃対象に指定し、「限定核攻撃」のための小型戦術核兵器の開発を開始したことに言及し、われわれは米国と全ての合意を全面検討せざるをえなくなった、とした（注11）。

その後、ブッシュ政権のコリン・パウエル国務長官とリチャード・アーミテージ国務副長官によって、東アジア担当の国務次官補に抜擢されたジョン・ケリーが北朝鮮特使に任命され、一〇月に北朝鮮に派遣された。ケリー自身はクリントン政権による北朝鮮政策に批判的であったが、米朝合意枠組み自体は必要だと考えていた。

しかし、ケリーによる北朝鮮訪問の際、北朝鮮がウラン濃縮プログラムを保有していることを「認めた」と公表したため米国政府は態度を硬化させ、パウエル国務長官はこれまでの米朝間の「枠組み合意」は事実上無効、との認識を表明した。

これに対して、北朝鮮は同年一〇月二五日に出した外務省スポークスマン声明で「米国特使はなんの根拠資料もなしに、われわれが核兵器製造を目的に濃縮ウラニウム計画を推進し、朝米基本合意文を違反しているとの言いがかりをつけながら、それを中止しない限り朝米対話もなければ、とりわけ朝・日関係や北南関係も破局状態に陥るとした」と述べ、強い調子で米国を非難した（注12）。

北朝鮮と米国の関係は、こうしてブッシュ政権に入って極めて険悪な状況に入った。しかし、その一方で外交政策による解決策が模索され始めていた。

4　二回の「人工衛星」打ち上げと核実験、六者協議の中断

米国政府内部には、このころ対北朝鮮政策をめぐって矛盾した二つのアプローチを追及する集団が形成されていた。国務長官のコリン・パウエルを中心とした「穏健派」は、北朝鮮に対して外交的な交渉で問題の打開を主張したのに対し、ラムズフェルド国防長官を中心としたネオコングループは、問題解決のためには軍事行動も辞さないとする「強硬派」であった。

しかしながら、ブッシュ政権は膠着した米朝間の核問題をめぐる状況を打開するため、二〇〇三年八月から中国、ロシア、韓国と同時に日本を絡ませた六者協議を開始させた。この時点では、まだ全体として具体的な核開発計画の放棄、及び朝鮮半島全体の非核化に向けた方策は一致を見なかったものの、王毅中国外交部長は、「①対話を通じた核問題の平和的解決②朝鮮半島の非核化を目標③公正かつ現実的な解決④状況悪化の行動をとらないことで合意⑤対話を通じた相互信頼の確立⑥次回会合の早期設定」で合意した、と記者会見で述べた。

二回目の会議は翌二〇〇四年二月二五～二八日にかけて開催された。このとき、共同文書の合意は実現しなかったが、六月に開催された第三回目の会議では議長声明が採択された。

採択された議長声明では、「口頭には口頭で、行動には行動で」の原則に照らし、核問題の平

和的解決を求めることが強調された。そして、核問題の平和的解決について各国から提案や構想が出されたこと、またそれぞれの案には共通点もあるが依然として相違点もあり、より一層踏み込んだ議論を通じて相違点を縮める必要があること、などが確認された。そして、参加各国によって権限を委ねられた作業部会によって、次回の四回目の会議には、非核化を目指す第一段階措置の範囲、期限、核査察および対応措置を具体的に定めて提案すること、などが決められた。

こうした六者協議の進行の一方、北朝鮮は二〇〇五年二月、「自衛のための核兵器製造」を一方的に言明し、六者協議への参加を無期限中断する旨宣言した。さらに五月には、寧辺（ニョンビョン）の原子炉から使用済みの核燃料八〇〇〇本の燃料棒を抜き取ったと発表した。

当然これらの北朝鮮側の言明は、国際社会に緊張と憤りを引き起こした。その一方で北朝鮮は、米国の態度しだいでは六者協議への復帰は可能であり、韓国政府はまた核の完全放棄と引き換えに、直接北朝鮮へ電力を提供する旨発表した。

第四回目の六者協議はこうした状況の中で開催された。その第一ラウンドは七月二六日～八月七日に開催されたのち、休会をはさんで九月一三日～一九日まで開催された。そして、九月一九日にはようやく共同声明（九・一九共同声明）が採択された。

その要旨は以下の6項目が中心である。「①平和的な方法による検証可能な非核化の確認②国連憲章の目的及び原則並びに国際関係の規範の順守、そして米朝間の平和共存と国交正常化交渉の開始、日朝国交正常化交渉の開始③エネルギー貿易、投資の分野における経済協力の二国間、及び多数国間での推進④北東アジアにおける安全保障協力の促進⑤約束対約束、行動対行動の原則の合意⑥第五回目の会合日程」、である。

この共同声明は、朝鮮半島全体の非核化のみならず、米朝国交協議や日朝間国交正常化交渉の促進、北朝鮮に対する経済援助の推進、さらには北東アジアにおける安全保障協力の促進までうたっている点で、従来の南北朝鮮の非核化宣言、あるいは二国間の条約などと比較しても極めて画期的な声明であった。しかしながら、北朝鮮は翌二〇〇六年七月にミサイル発射実験、さらには一〇月には核実験を行ったと発表し、結果的にこれらの共同声明で盛り込まれた内容を裏切る行為に出た。

一連のミサイル発射実験と核実験は、国際社会の強い反発を引き起こし、北朝鮮はもはや六者協議に復帰しないかに思われた。国連安全保障理事会は制裁決議をあげ、日本政府も独自の経済制裁措置を取るなど、日朝間及び米朝間の緊張関係は高まった。

その後、北朝鮮は六者協議復帰への意志を表明し、一一月に入り六者協議は再開された。この第五回目協議の議長声明は、朝鮮半島の検証可能な非核化の実現に向けて、「約束対約束、行動対行動」の原則に従うこと、九・一九共同声明を実現するためにその具体的な計画、措置及び手順の作成に合意した。

翌二〇〇七年二月、ようやく六者協議で核放棄のための初期段階履行で合意し、一〇月には第二段階措置履行で合意された。そして翌年一〇月、米国は北朝鮮のテロ国家指定を解除した（すでにその二年前、二〇〇五年には米国政府財務省の要請でマカオ特別行政区にあるバンコ・デルタ・アジアなどの北朝鮮の口座が凍結されるなどの金融制裁が課されたが、二〇〇七年三月に米国政府はその一部を解除した)。

これら一連の六者協議参加国による外交的な対応にもかかわらず、北朝鮮は二〇〇九年四月五日、人工衛星「光明星二号」を発射し、また五月二五日には第二回目の核実験を行った。これらの北朝鮮側の挑発行動は国連安全保障理事会のさらなる制裁決議だけでなく、日本政府による経済制裁措置も追加された。

その後、北朝鮮は不法入国行為によって北朝鮮当局に逮捕された米国人記者二名(労働教化刑)の釈放と引き換えに、ビル・クリントン元大統領の訪朝を受け入れ、米国との直接対話を希望する旨八月に発表した。このとき、今日ではいまだに詳細は明らかではないものの、オバマ大統領のメッセージが口頭で伝えられた。その後、一二月の対朝鮮政策特使オズワースによる北朝鮮訪問に際しては、北朝鮮はオバマ大統領による金正日総書記への親書が託され、また六者協議への復帰にやぶさかでない旨述べた。

このときの会談で、朝鮮外務省スポークスマンは、オズワース特使が「『六者会談再開』と「九・一九共同声明履行」に関して、朝鮮側と「一定の共通理解に達した」ことを明らかにした。さらに同氏は、「朝鮮側に「九・一九共同声明の『すべての要素』を完全に履行する意志」を伝えたと述べ、「すべての要素」には「非核化、平和体制、六者会談当事国間の関係正常化、経済支援がすべて含まれる」とした。

さらに、その後二〇一〇年一月一一日には「朝鮮戦争停戦協定の当事国に平和協定締結のための会談」を提案した。

この中で北朝鮮は、「共同声明が履行されるには、この声明の生命である相互尊重と平等の精神が棄損されてはならず、行動の順序をわい曲することがあってはならない。……（中略）……非核化が進ちょくしてこそ、平和体制樹立の問題を議論できるという合意事項はなく、もっぱら『公約対公約』『行動対行動』の原則だけが共同声明の唯一の実践の原則として明示されている」として、自らの行動に対する非難に反論した。そして、「われわれは六者会談に反対せず、それを遅延させる何の理由もない。」と述べ、六者協議に再び参加する意志があることを表明した。さらに「このような不信の悪循環を断ち、信頼を醸成して非核化をさらに推し進めようとするのが、われわれの平和協定締結の提案の趣旨である。各当事国が平和協定締結のための交渉に臨み、対座するだけでも信頼の出発点はつくられるであろう。」とし、平和協定に対して自らが積極的に外交努力をする意志があることをも示した。

そして、「六者会談が再開されるには、会談を破たんさせた原因がどんな方法であれ解消されなければならない。……（中略）……しかし、われわれが制裁の帽子をかぶったまま六者会談に臨むなら、その会談は九・一九共同声明に明示されている平等な会談ではなく、『被告』と『判事』の会談になってしまう。（略）自主権を引き続き侵害されながら自主権を侵害する国々と向き合って、まさにその自主権守護のために保有した抑止力について議論するというのは話にならない。」と。

ここには、あくまで自らの行動が自主権を擁護するための正当な行動であるとの主張が読み取れる。最後に、「われわれは、各当事国が経験と教訓に基づいているわれわれの現実的な提案を受け入れるよう説得するための努力を引き続き真しに傾けていくであろう」とし、北朝鮮がこの平和協定の締結に並々ならぬ決意と努力を発揮する覚悟があることを表明している。

5　今後の展望――日朝国交正常化交渉と核問題

以上のような米朝協議、そして六者協議の交渉経過とその後の北朝鮮の外交交渉のパターンを見ると、いくつかの特徴が指摘できる。

そこには一定の「抑揚」がみられる。それは、瀬戸際外交と呼ばれる。相手国ないしは交渉相手に高いハードルを設定し、相手側が折れるまでその要求、ないしは主張を掲げ続ける、そして妥協点が見出された場合、それを最大限の成果として宣伝する、という行動様式である。こうした点を踏まえた上で、日本政府は北朝鮮との外交戦術を構築するべきであったが、残念ながらそうした戦術作りには成功していないように見受けられる。

日本政府が本気で北朝鮮との外交関係を樹立し、かつ拉致問題をはじめとする日朝間の外交的懸案事項を解決するのであれば、むしろ積極的に北朝鮮との外交交渉のルートを開き、国交正常化交渉の中で各種問題を取り上げる方向で対処するべきであったろう。

もちろん六者協議の共同声明で合意した事項を、結果的に裏切る行為に出た北朝鮮の「人工衛星」発射、そして核実験が世界の安全保障上の脅威になることはいうまでもない。一方で、北朝鮮の論理としては、米国との直接対話、とりわけ朝鮮戦争の停戦協定から平和協定にもっていきたい、さらには米国との国交を樹立し、経済協力を引き出したいとの意向が伺える。

とすれば、朝鮮戦争の直接の参戦国ではない（人的協力は一定行った）日本がとるべきなのは、かつての植民地支配の宗主国として、その支配によって引き起こされた人的被害に対する補償を積極的に行い、鉱物資源の採掘とそれらを活用した産業振興に積極的に協力することではないのか。そのことが長期的な視点で、経済安全保障につながっていくのではないだろうか。

（注釈）

（注1）木村光彦・安部桂司『戦後日朝関係の研究――対日工作と物資調達』（知泉書館、二〇〇八年）三三頁。

（注2）マイケル・クレア、南雲・中村雄二訳『冷戦後の米軍事戦略――新たな敵を求めて』（かや書房、一九九八年）一五八頁。

（注3）米国における「ならず者国家論」の成立と展開については、クレア前掲書参照。

（注4）二〇〇二年一〇月二五日に朝鮮外務省スポークスマンが出した声明には、米朝枠組み合意の非公開了解録の内容について以下のことが述べられている。

「1994年10月、朝米基本合意文が採択されたが、米国はその履行問題についてはすでに発言する資格を喪失している。基本合意文の第1条に沿って、米国がわれわれに軽水炉発電所を2003年までに提供する代わりに、われわれは黒鉛減速炉とその関連施設を凍結することになっているが、われわれが核施設を凍結してから8年が経つこんにちまでも、軽水炉は基礎工事を終えたに過ぎない。これにより……2003年には年間100万キロワット、其の翌年から年間200万キロワットの電力損失だけを被ることになった。基本合意文第2条に沿って、双方は政治及び経済関係を完全に正常化する方向に進むはずであったが、過去8年間、米国の対北朝鮮敵対視政策と経済制裁は継続されており、こんにちに至ってはわれわれを『悪の枢軸』として攻撃するまでに及んだ。基本合意文第3条に沿って米国は、核兵器を使用せず核兵器による威嚇もしないという公式的な保障をわれわれに提供することになっていたが、米国はそうした保障提供の代わりに、われわれを核先制攻撃対象に含めた。基本合意文第4条と合意文に付属する非公開了解録第7項に沿って、われわれは軽水炉の『タービンと発電機を含む非核部分の納入』が完全に実現した後に核査察を受けなければならないという一方的な論理を持ち出し、あたかもわれわれが合意文を違反しているかのように国際世論を誘導した」

北朝鮮の核開発及び核実験の論拠は、ブッシュ政権がこうした米朝合意の枠組み(非公開了解録)を守っていなかったことにあると思われる。

(注5) さらにこれらの米朝合意の米国側による約束事項履行の保障として、クリントンは同年一〇月二〇日付で以下のような「保証書簡」を送った。

「私は、私の職権の全力を行使して、北朝鮮国内での軽水炉計画に関する融資と建設のための取り決めを促進すると共に、軽水炉計画の最初の原子炉が完成するまでの間、朝鮮民主主義人民共和国のために暫定的な代替エネルギー供給の資金を手当てし、履行することを、あなたに確認したいと思う。付け加えて、北朝鮮には制御できない理由によって、この原子炉計画が成就しなかった場合には、米国議会の承認を条件に、必要な限りにおいて、そうした計画を米国から供与するため、私は職権の全力を行使する(後略)。

ビル・クリントン(署名)

平壌市

朝鮮民主主義人民共和国最高指導者

金正日閣下」

(出典:ケネス・キノネス、伊豆見元監修、山岡邦彦・山口瑞彦訳『北朝鮮――米国務省担当官の交渉秘録』中央公論新社、二〇〇〇年、三五五―三五六頁)

しかしながら、このときの北朝鮮への重油提供と軽水炉支援は、クリントン政権が北朝鮮の金正日政権が早期に崩壊することを期待した上での「合意」であったことが後に証言されている。

（注6）ペリー報告の原文は以下のサイトを参照した（現在は削除）。
http://www.state.gov/www/regions/eap/991012_northkorea_rpt.html

（注7）この時のオルブライト国務長官と金正日国防委員長との会談では、北朝鮮によるミサイル開発計画に限らずテロ、人権問題などについて話し合われた。

（注8）WAMU―FMラジオダイアン・レーム記者によるマデリーン・オルブライト国務長官のインタビュー（二〇〇〇年六月一九日）。邦訳は日朝協会『コリア問題資料』第5号（二〇〇一年一二月）を参照した。

（注9）Mike Chinoy. "MELTDOWN-The Inside Story of the North Korean Nuclear Crisis" (St. Martin's Press, 2008).p65.

（注10）ネオコン（Neo-conservative）：ブッシュ政権の外交政策に大きな影響を与えた政策・思想集団をさす。米国流の経済・政治システムを最上のものとし、米国およびイスラエルの安全保障に脅威を与えると思われる国家を、軍事力を用いて転覆させることも辞さないという考えを持つ。ブッシュ政権内部では、ドナルド・ラムズフェルド国防長官、ポール・ウォルフォビッツ国防副長官、ジョン・ボルトン国務次官（後に国連大使）などが代表的なネオコン人脈に属していた。その思想と実態については田原牧『ネオコンとは何か――アメリカ新保守主義派の野望』（世界書院、二〇〇三年）参照。
なお、ネオコンの代表的な主張については以下のサイトを参照のこと。
・アメリカ・エンタープライズ研究所：http://www.aei.org/

（注11）米国紙『ロサンゼルス・タイムズ』（電子版）二〇〇二年三月九日付によれば、ブッシュ政権はイラク、イラン、リビア、シリア、北朝鮮などの7カ国に対する核兵器の使用計画を策定するよう軍部に指示していた、という。

（注12）しかしながら、このとき、ケリー特使の問い詰めに対して、北朝鮮側がこの時点で本当にウラン濃縮プログラムを保有していたかどうかについては定かではない。

（参考文献）
・『北朝鮮年鑑』編訳委員会編訳『北朝鮮年鑑２００２，２００３年版』（東アジア研究所、二〇〇四年）
・コリア問題研究センター編集『コリア問題――資料と解説』（日朝協会発行）各号。
・Mike Chinoy, 〝MELTDOWN-The Inside Story of The North Korean Nuclear Crisis〟(St. Martin's Press, 2008)

（参考サイト）
・米国国務省：http://www.state.gov/
・朝鮮新報：http://www.korea-np.co.jp/sinboj/Default.htm
・外務省：http://www.mofa.go.jp/mofaj/

（資料１）日朝平壌宣言　２００２年（平成14年）９月17日

小泉純一郎日本国総理大臣と金正日朝鮮民主主義人民共和国国防委員長は、２００２年９月17日、平壌で出会い会談を行った。

両首脳は、日朝間の不幸な過去を清算し、懸案事項を解決し、実りある政治、経済、文化的関係を樹立することが、双方の基本利益に合致するとともに、地域の平和と安定に大きく寄与するものとなるとの共通の認識を確認した。

１．双方は、この宣言に示された精神及び基本原則に従い、国交正常化を早期に実現させるため、あらゆる努力を傾注することとし、そのために２００２年10月中に日朝国交正常化交渉を再開することとした。

双方は、相互の信頼関係に基づき、国交正常化の実現に至る過程においても、日朝間に存在する諸問題に誠意をもって取り組む強い決意を表明した。

2. 日本側は、過去の植民地支配によって、朝鮮の人々に多大の損害と苦痛を与えたという歴史の事実を謙虚に受け止め、痛切な反省と心からのお詫びの気持ちを表明した。

双方は、日本側が朝鮮民主主義人民共和国側に対して、国交正常化の後、双方が適切と考える期間にわたり、無償資金協力、低金利の長期借款供与及び国際機関を通じた人道主義的支援等の経済協力を実施し、また、民間経済活動を支援する見地から国際協力銀行等による融資、信用供与等が実施されることが、この宣言の精神に合致するとの基本認識の下、国交正常化交渉において、経済協力の具体的な規模と内容を誠実に協議することとした。

双方は、国交正常化を実現するにあたっては、1945年8月15日以前に生じた事由に基づく両国及びその国民のすべての財産及び請求権を相互に放棄するとの基本原則に従い、国交正常化交渉においてこれを具体的に協議することとした。

双方は、在日朝鮮人の地位に関する問題及び文化財の問題については、国交正常化交渉において誠実に協議することとした。

3. 双方は、国際法を遵守し、互いの安全を脅かす行動をとらないことを確認した。また、日本国民の生命と安全にかかわる懸案問題については、朝鮮民主主義人民共和国側は、日朝が不正常な関係にある中で生じたこのような遺憾な問題が今後再び生じることがないよう適切な措置をとることを確認した。

4. 双方は、北東アジア地域の平和と安定を維持、強化するため、互いに協力していくことを確認した。

双方は、この地域の関係各国の間に、相互の信頼に基づく協力関係が構築されることの重要性を確認するとともに、この地域の関係国間の関係が正常化されるにつれ、地域の信頼醸成を図るための枠組みを整備していくことが重要であるとの認識を一にした。

双方は、朝鮮半島の核問題の包括的な解決のため、関連するすべての国際的合意を遵守することを確認した。また、双方は、核問題及びミサイル問題を含む安全保障上の諸問題に関し、関係諸国間の対話を促進し、問題解決を図ることの必要性を確認した。

朝鮮民主主義人民共和国側は、この宣言の精神に従い、ミサイル発射のモラトリアムを2003年以降も更に延長していく意向を表明した。
双方は、安全保障にかかわる問題について協議を行っていくこととした。

日本国総理大臣　小泉　純一郎
朝鮮民主主義人民共和国国防委員会　委員長　金　正日
2002年9月17日　平壌

（資料2）日朝政府間協議（概要）平成26年5月30日

5月26日から28日まで，スウェーデン・ストックホルムにて開催された日朝政府間協議の概要以下のとおり。（日本側代表：伊原純一アジア大洋州局長，北朝鮮側代表：宋日昊（ソン・イルホ）外務省大使）

今回の日朝政府間協議は，前回の議論の内容を踏まえつつ，双方が関心を有する幅広い諸懸案について，集中的に，真剣かつ率直な議論を行った。（29日に発表した合意文書は別添のとおり。）

その他，北朝鮮側からは，改めて朝鮮総連本部不動産の競売問題に関して強い懸念の表明があり，日本側から現在，裁判所により進められている手続について説明した。

また，日本側からは，北朝鮮による核・ミサイル開発及び地域・朝鮮半島の緊張を高めるような挑発行動について，北朝鮮の自制を求め，日朝平壌宣言や関連国連安保理決議，六者会合共同声明等を遵守するよう求めた。

双方は，日朝平壌宣言に則って，不幸な過去を清算し，懸案事項を解決し，国交正常化を実現するために，真摯に協議を行った。

日本側は，北朝鮮側に対し，1945年前後に北朝鮮域内で死亡した日本人の遺骨及び墓地，残留日本人，いわゆる日本人配偶者，拉致被害者及び行方不明者を含む全ての日本人に関する調査を要請した。

北朝鮮側は，過去北朝鮮側が拉致問題に関して傾けてきた努力を日本側が認めたことを評価し，従来の立場はあるものの，全ての日本人に関する調査を包括的かつ全面的に実施し，最終的に，日本人に関する全ての問題を解決する意思を表明した。

日本側は，これに応じ，最終的に，現在日本が独自に取っている北朝鮮に対する措置（国連安保理決議に関連して取っている措置は含まれない。）を解除する意思を表明した。

双方が取る行動措置は次のとおりである。双方は，速やかに，以下のうち具体的な措置を実行に移すこととし，そのために緊密に協議していくこととなった。

―日本側

第一に，北朝鮮側と共に，日朝平壌宣言に則って，不幸な過去を清算し，懸案事項を解決し，国交正常化を実現する意思を改めて明らかにし，日朝間の信頼を醸成し関係改善を目指すため，誠実に臨むこととした。

第二に，北朝鮮側が包括的調査のために特別調査委員会を立ち上げ，調査を開始する時点で，人的往来の規制措置，送金報告及び携帯輸出届出の金額に関して北朝鮮に対して講じている特別な規制措置，及び人道目的の北朝鮮籍の船舶の日本への入港禁止措置を解除することとした。

第三に，日本人の遺骨問題については，北朝鮮側が遺族の墓参の実現に協力してきたことを高く評価し，北朝鮮内に残置されている日本人の遺骨及び墓地の処理，また墓参について，北朝鮮側と引き続き協議し，必要な措置を講じることとした。

第四に，北朝鮮側が提起した過去の行方不明者の問題について，引き続き調査を実施し，北朝鮮側と協議しながら，適切な措置を取ることとした。

第五に，在日朝鮮人の地位に関する問題については，日朝平壌宣言に則って，誠実に協議することとした。

第六に，包括的かつ全面的な調査の過程において提起される問題を確認するため，北朝鮮側の提起に対して，日本側関係者との面談や関連資料の共有等について，適切な措置を取ることとした。

第七に，人道的見地から，適切な時期に，北朝鮮に対する人道支援を実施することを検討することとした。

—北朝鮮側

第一に，1945年前後に北朝鮮域内で死亡した日本人の遺骨及び墓地，残留日本人，いわゆる日本人配偶者，拉致被害者及び行方不明者を含む全ての日本人に関する調査を包括的かつ全面的に実施することとした。

第二に，調査は一部の調査のみを優先するのではなく，全ての分野について，同時並行的に行うこととした。

第三に，全ての対象に対する調査を具体的かつ真摯に進めるために，特別の権限（全ての機関を対象とした調査を行うことのできる権限。）が付与された特別調査委員会を立ち上げることとした。

第四に，日本人の遺骨及び墓地，残留日本人並びにいわゆる日本人配偶者を始め，日本に関する調査及び確認の状況を日本側に随時通報し，その過程で発見された遺骨の処理と生存者の帰国を含む去就の問題について日本側と適切に協議することとした。

第五に，拉致問題については，拉致被害者及び行方不明者に対する調査の状況を日本側に随時通報し，調査の過程において日本人の生存者が発見される場合には，その状況を日本側に伝え，帰国させる方向で去就の問題に関して協議し，必要な措置を講じることとした。

第六に，調査の進捗に合わせ，日本側の提起に対し，それを確認できるよう，日本側関係者による北朝鮮滞在，関係者との面談，関係場所の訪問を実現させ，関連資料を日本側と共有し，適切な措置を取ることとした。

第七に，調査は迅速に進め，その他，調査過程で提起される問題は様々な形式と方法によって引き続き協議し，適切な措置を講じることとした。

（外務省ホームページより）

関連年表

年月日	韓国/北朝鮮/在日朝鮮人関連事項	世界と日本
1912年	金日成誕生	
1931年9月18日	満州事変始まる	
1942年2月8日	金正日誕生	
1945年8月9日	ソ連、対日参戦布告	
同 8月15日	朝鮮半島、植民地支配より解放	日本政府、無条件降伏
同 9月	朝鮮人民共和国成立	
同 9月19日	金日成、元山に上陸	

同　12月28日	米軍、朝鮮半島南部へ進駐 米英ソ三国外相モスクワで会議、極東委員会と対日理事会の設置を決定	
1946年9～10月	南朝鮮で人民蜂起、300万のゼネスト決行	
1947年3月14日		米比軍事基地協定締結
同　9月		国連総会、国連監視下における南北朝鮮総選挙を提案
1948年4月3日	南朝鮮済州島で「4・3事件」、死者数万人	
同　5月10日	南朝鮮で単独選挙を強行	
同　8月15日	大韓民国（以下韓国と略）建国、李承晩大統領を選出	
同　9月9日	朝鮮民主主義人民共和国（以下、北朝鮮と略）建国、北朝鮮、金日成首相を選出	
1949年	民族教育の権利「阪神教育闘争」起こる（日本）	

同　10月1日		中華人民共和国成立
1950年6月25日	朝鮮人民軍、南北分割線を超えて南朝鮮へ侵攻（朝鮮戦争）	
1951年9月8日		サンフランシスコ講和条約調印、片面講和
同　10月20日		GHQの斡旋で日韓会談開始
1952年1月18日	李承晩韓国大統領、朝鮮半島周辺の海域に公海漁業を制限する海洋宣言を発表（いわゆる李ライン）	
1953年7月27日	朝鮮戦争休戦協定（現在も継続）	
1955年2月	北朝鮮の南日外相、日本へ国交正常化を呼びかけ	
同　5月25日	在日本朝鮮人総連合会結成（日本）	
同　10月	日本政府、「北朝鮮との人的・物的交流を一切禁止する」の次官通牒	

1956年2月9～27日	日本赤十字社代表団、北朝鮮を訪問し朝鮮赤十字社と会談（朝鮮側、在日朝鮮人の帰国問題を提起）	
同　6月27日	朝鮮軍事停戦委員会で国連軍側は、停戦協定の一部（兵器増強禁止に関する条項）を破棄、韓国に新型兵器持込を北・中国側に通告	
1957年9月27日	岸内閣、李承晩政権との間で「日韓釈放に関する覚書」「日韓前面会談再開に関する覚書」に調印	
同　11月26日	「日韓問題対策連絡会議」結成	
同　12月31日	「在日朝鮮人帰国協力会」結成（代表委員：自民党総務・岩本信行、総評議長・太田薫、日朝協会会長・山本熊一、元外務大臣・有田八郎、作家・平林たい子、幹事長・帆足計、事務局長・印南広志、呼びかけ人：鳩山一郎（会長）、浅沼稲次郎、野坂参三ら）	
1958年1月30日	日朝赤十字会談開始（ジュネーブ）	

同　11月17日	在日朝鮮人の帰国事業を閣議決定	
1959年1月30日	太平洋戦争中朝鮮人殉難者慰霊祭（伝通院）	
同　2月13日	インドのカルカッタにて、日本赤十字社と朝鮮赤十字社が帰国協定に調印	
同　4月13日	初の帰国船、帰国者千名をのせて新潟港を出港	
1960年1月19日		日米新安保条約調印
同　4月19日	韓国で「4・19革命」、李承晩退陣	
1961年5月16日	韓国で朴正煕による軍事クーデター	
同　6月		池田・ケネディ会談
同　11月11日	在日朝鮮人連合会中央大会、在日朝鮮人の自由往来を決議	
同　12月	「日朝往来自由実現連絡会議」結成	

同　9月12日	関東大震災朝鮮人犠牲者40周年第2回追悼式（日比谷公会堂）	
1963年2月	「在日朝鮮人の人権を守る会」結成	
同　5月1日	関東大震災朝鮮人犠牲者第3回追悼式（浅草寺）	
同　6月22日	椎名外相、訪韓し「日韓条約」に仮調印	
同　9月1日	「在日朝鮮人の帰国と民族教育をまもる各界連絡会議」結成	
同　10月26日	朴正熙政権、大統領選挙を実施、自ら大統領に就任	
1964年		東京オリンピック開催
1965年6月22日	日韓基本条約、日韓請求権協定調印	
同　12月21日	日韓基本条約、参議院で強行採決	

1966年1月	キューバの首都ハバナで第1回3大陸人民代表大会「6・25〜7・27朝鮮人民との連帯強化月間」を決定	
1967年4月21日	自民党佐藤内閣、閣議で11月21日限り帰国事業打ち切りを決定	
同　7月	関東大震災朝鮮人犠牲者50周年追悼式、横網町公園に追悼碑建立	
同　12月22日	第155次船をもって帰国事業中断	
1968年1月23日	米軍のスパイ船「プエブロ号」、北朝鮮に拿捕	
同　4月17日	美濃部東京都知事、朝鮮大学校を認可	
1969年11月	佐藤・ニクソン会談「日米共同声明」を発表	
1970年4月	ニセ「左翼」暴力集団「赤軍派」による日航機「よど号」のっとり事件	

1971年2月		モスクワで日朝両赤十字代表団が帰国事業再開で合意
同　5月14日	在日朝鮮人の帰国事業再開	
1972年7月4日	南北共同声明	
1973年8月8日	金大中氏の拉致・誘拐事件起きる。	
同　9月1日	韓国で民青学連事件。日本人留学生、早川嘉春・ジャーナリスト太刀川正樹が逮捕される(早川・太刀川事件：日本共産党、朝鮮総連の指示を受けて反政府活動をしている、とのでっち上げ事件で軍事裁判を強行した事件)。後に釈放。	
同　10月	韓国「維新憲法」制定	
同　12月	北朝鮮、金日成を国家主席に	
1974年11月22日	米フォード大統領、米韓共同声明	
1979年10月26日	韓国で朴正煕大統領が暗殺	

1980年5月17日	韓国で軍事クーデター、全斗煥権力を掌握	
同　5月18~27日	韓国・光州市で軍と市民の間で武力紛争起こる（光州民衆闘争）。戒厳軍が鎮圧（死者・負傷者数千人）。内乱を操縦したとして金大中氏に死刑判決。	
同　10月10日	朝鮮労働党第6回党大会（これ以後、公式の党大会の開催は確認されず）	
1983年10月9日	ビルマで全大統領らが爆弾事件に巻き込まれる（ラングーン事件：ビルマ政府、北朝鮮の犯行と断定し国交断絶）	
1984年9月	北朝鮮による日本漁船銃撃事件	
1985年12月	北朝鮮、NPTに加盟	
1987年6月	韓国で「民主化宣言」	
同　11月	北朝鮮による大韓航空機爆破事件	
同　12月	初の大統領公選選挙で盧泰愚が当選	

1988年1月15日	金賢姫、大韓航空機爆破は自分達の犯行と告白	
1990年9月28日	自由民主党、日本社会党と朝鮮労働党が平壌で「三党共同宣言」	
1991年8月14日	金学順ハルモニが「慰安婦」であったことを記者会見で公表	
同　9月17日	南北の国連同時加盟	
同　12月25日		ソ連消滅
1992年8月24日	中国と韓国国交樹立	
同　11月	日朝国交正常化交渉が決裂	
1993年3月12日	北朝鮮、ＮＰＴ脱退を声明	
同　8月4日	「慰安婦」問題で日本軍の関与を認めた「河野談話」	
1994年6月16日	金日成・カーター会談	

同 7月8日	金日成主席死去	
同 7～8月	北朝鮮で大水害	
同 10月21日	朝米枠組み合意	
同 12月15日	KEDOの設立協定に調印	
	植民地支配と侵略に「痛切な反省」を表明した「村山談話」	
1996年 7月24～28日	北朝鮮で水害発生	
1998年8月31日	北朝鮮、「人工衛星」発射	
同 9月5日	金正日国防委員長に就任	
1999年12月	日本の超党派代表団、平壌で朝鮮労働党と会談	
2000年6月15日	大韓民国の金大中大統領、北朝鮮の金正日国防委員長、南北共同宣言に調印	

関連年表

2002年9月17日	小泉純一郎首相、北朝鮮を訪問し金正日総書記と日朝平壌宣言	
2003年1月10日	NPT脱退宣言	
同　8月27日	第1回六者協議、北京で開催	
2006年10月9日	北朝鮮、最初の核実験に成功と報道	
2009年4月5日	北朝鮮、2回目の「人工衛星」発射実験	
2011年12月17日	金正日国防委員長死去	
2012年4月	金正恩、国防委員会第1委員長、朝鮮労働党第一書記に就任	
2013年2月	北朝鮮、3回目の核実験に成功と発表	

(日朝協会『日本と朝鮮』等を参考)

峯　良一

日朝協会全国理事
国際政治問題研究者
監修書：マイク・チノイ
『メルトダウン――北朝鮮・
核危機の内幕』（本の泉社、
2012 年）

南雲和夫

大学非常勤講師

金正恩の北朝鮮
――隣国を客観的に「読む」――

2015 年 3 月 1 日　初版第 1 刷発行

編　著　峯　良一
発行者　溝江玲子
発行所　遊絲社
〒 639 – 1042　奈良県大和郡山市小泉町 3658
電話／ＦＡＸ　0743 – 52 – 9515
e-mail　anz@yuubook.com
URL http://www.yuubook.com/center/

印刷・製本　亜細亜印刷株式会社
ISBN978-4-946550-45-4　C0031